René Guénon

La Metafísica Oriental

y

San Bernardo

OMNIA VERITAS

René Guénon
(1886-1951)

La Metafísica Oriental

Título original: "*La Métaphysique orientale*"

Primera publicación en 1939 - Paris, Éditions traditionnelles

y

San Bernardo

Título original: "*Saint Bernard*"

Primera publicación en 1929 - Publiroc

Publicado por
Omnia Veritas Ltd

www.omnia-veritas.com

LA METAFÍSICA ORIENTAL 7

SAN BERNARDO 51

OTROS LIBROS DE RENÉ GUÉNON 85

René Guénon

La Metafísica Oriental

René Guénon

He tomado como tema de esta exposición la metafísica oriental; quizás habría valido más decir simplemente la metafísica sin epíteto, ya que, en verdad, la metafísica pura, al estar por esencia fuera y más allá de todas las formas y de todas las contingencias, no es ni oriental ni occidental, es universal. Son sólo las formas exteriores de las que es revestida por las necesidades de una exposición, para expresar lo que es expresable de ella, son estas formas las que pueden ser ya sea orientales, ya sea occidentales; pero, bajo su diversidad, es un fondo idéntico el que se encuentra por todas partes y siempre, por todas partes al menos donde hay metafísica verdadera, y eso por la simple razón de que la verdad es una.

Si ello es así, ¿por qué hablar más especialmente de metafísica oriental? Es porque, en las condiciones intelectuales donde se encuentra actualmente el mundo occidental, la metafísica es en él algo olvidado, ignorado en general, perdido casi enteramente, mientras que en Oriente es siempre el objeto de un conocimiento efectivo. Así pues, si se quiere saber lo que es la metafísica, es a Oriente adonde es menester dirigirse; e, inclusive si se quiere recuperar algo de las antiguas tradiciones metafísicas que han podido existir en Occidente, en un Occidente que, bajo muchos aspectos, estaba entonces singularmente más próximo de Oriente de lo que lo está hoy día, es sobre todo con la ayuda de las doctrinas orientales y por comparación con éstas como se podrá llegar a ello, porque estas doctrinas son las únicas que, en este dominio metafísico, pueden ser estudiadas todavía directamente. Solamente, para eso, es muy evidente que es menester estudiarlas como lo hacen los Orientales mismos, y no librándose a interpretaciones más o menos hipotéticas y a veces completamente fantasiosas; se olvida muy frecuentemente que las civilizaciones orientales existen todavía y que tienen sus representantes cualificados, junto a los cuales bastaría informarse para saber verdaderamente de qué se trata.

He dicho metafísica oriental, y no únicamente metafísica hindú, ya que las doctrinas de este orden, con todo lo que implican, no se encuentran sólo en la India, contrariamente a lo que parecen creer algunos, que por lo demás no se dan cuenta apenas de su verdadera naturaleza. El caso de la India no es en modo alguno excepcional bajo esta relación; es exactamente el de todas las civilizaciones que poseen lo que se puede llamar una base tradicional. Lo que es excepcional y anormal, son al contrario civilizaciones desprovistas de una tal base; y a decir verdad, no conocemos más que una, la civilización occidental moderna. Para no considerar más que las principales civilizaciones de Oriente, el equivalente de la metafísica hindú se encuentra, en China, en el Taoísmo; se encuentra también, por otro lado, en algunas escuelas esotéricas del Islam (por lo demás, debe entenderse bien que este esoterismo islámico no tiene nada de común con la filosofía exterior de los árabes, de inspiración griega en su mayor parte). La única diferencia, es que, en cualquier otra parte que en la India, estas doctrinas están reservadas a una élite más restringida y más cerrada; es lo que tuvo lugar también en Occidente en la edad media, para un esoterismo bastante comparable al del Islam bajo muchos aspectos, y también puramente metafísico como éste, pero del que los modernos, en su mayor parte, ni siquiera sospechan ya la existencia. En la India, no se puede hablar de esoterismo en el sentido propio de esta palabra, porque allí no se encuentra una doctrina con dos caras, exotérica y esotérica; no puede tratarse más que de un esoterismo natural, en el sentido de que cada uno profundizará más o menos en la doctrina e irá más o menos lejos según la medida de sus propias posibilidades intelectuales, ya que hay, para algunas individualidades humanas, limitaciones que son inherentes a su naturaleza misma y que les es imposible franquear.

Naturalmente, las formas cambian de una civilización a otra, puesto que deben estar adaptadas a condiciones diferentes; pero, aunque más habituado a las formas hindúes, no siento ningún escrúpulo en emplear otras según necesidad, si se encuentra que pueden ayudar a la comprehensión sobre algunos puntos; en eso no hay ningún inconveniente, porque no son en suma más que expresiones diversas de una misma cosa. Todavía una vez más, la verdad es una, y es la misma para todos los que, por una vía cualquiera, han llegado a su conocimiento.

Dicho eso, conviene entenderse sobre el sentido que es menester dar aquí a la palabra «metafísica», y eso importa tanto más cuanto que frecuentemente hemos tenido la ocasión de constatar que todo el mundo no la comprendía de la misma manera. Pienso que lo mejor que se puede hacer, para las palabras que pueden dar lugar a equívoco, es restituirles tanto como sea posible su significación primitiva y etimológica. Ahora bien, según su composición, esta palabra «metafísica» significa literalmente «más allá de la física», tomando «física» en la acepción que este término tenía siempre para los Antiguos, la de «ciencia de la naturaleza» en toda su generalidad. La física es el estudio de todo lo que pertenece al dominio de la naturaleza; lo que concierne a la metafísica, es lo que está más allá de la naturaleza. Así pues, ¿cómo pueden pretender algunos que el conocimiento metafísico es un conocimiento natural, ya sea en cuanto a su objeto, ya sea en cuanto a las facultades por las que es obtenido? En eso hay un verdadero contrasentido, una contradicción en los términos mismos; y sin embargo, lo que es más sorprendente, ocurre que esta confusión es cometida incluso por aquellos que deberían haber guardado alguna idea de la verdadera metafísica y saber distinguirla más claramente de la pseudometafísica de los filósofos modernos.

Pero, se dirá quizás, si esta palabra «metafísica» da lugar a tales confusiones, ¿no valdría más renunciar a su empleo y sustituirla por otra que tuviera menos inconvenientes? En verdad, sería fastidioso, porque, por su formación, esta palabra conviene perfectamente a aquello de lo que se trata; y apenas es posible, porque las lenguas occidentales no poseen ningún otro término que esté tan bien adaptado a este uso. Emplear pura y simplemente la palabra «conocimiento», como se hace en la India, porque es en efecto el conocimiento por excelencia, el único que sea absolutamente digno de este nombre, es menester no pensarlo siquiera, ya que sería todavía mucho menos claro para los Occidentales, que, en hecho de conocimiento, están habituados a no considerar nada fuera del dominio científico y racional. ¿Es pues necesario preocuparse tanto del abuso que se ha hecho de una palabra? Si se debieran rechazar todas aquellas que se encuentran en este caso, ¿cuántas se tendrían todavía a disposición? ¿No basta tomar las precauciones requeridas para descartar las equivocaciones y los malentendidos? No estimamos más a la palabra «metafísica» que a no importa cuál otra; pero, en tanto que no se nos haya propuesto un término mejor para remplazarla, continuaremos sirviéndonos de ella como lo hemos hecho hasta aquí.

Desgraciadamente hay gentes que tienen la pretensión de «juzgar» lo que ignoran, y que, porque dan el nombre de «metafísica» a un conocimiento puramente humano y racional (lo que no es para nos más que ciencia o filosofía), se imaginan que la metafísica oriental no es nada más ni nada diferente de eso, de donde sacan lógicamente la conclusión de que esta metafísica no puede conducir realmente a tales o a cuales resultados. No obstante, conduce a ellos efectivamente, pero porque es algo muy diferente de lo que suponen; todo lo que ellos consideran no tiene verdaderamente nada de metafísico, desde que no es más que un conocimiento de orden natural, un saber profano y exterior; no es en modo alguno de eso de lo que queremos hablar. Así pues, ¿hacemos «metafísica» sinónimo de «sobrenatural»? Aceptaríamos de muy buena gana una tal asimilación, puesto que, en tanto que no se rebasa la naturaleza, es decir, el mundo manifestado en toda su extensión (y no sólo el mundo sensible que no es más que un elemento infinitesimal suyo), se está todavía en el dominio de la física; lo que es metafísica, como ya lo hemos dicho, es lo que está más allá y por encima de la naturaleza, es por consiguiente propiamente lo «sobrenatural».

Pero aquí se hará sin duda una objeción: ¿es posible rebasar así la naturaleza? No vacilaremos en responder muy claramente: eso no sólo es posible, sino que eso *es*. Eso no es más que una afirmación, se dirá todavía; ¿qué pruebas se pueden dar de ello? Es verdaderamente extraño que se pida probar la posibilidad de un conocimiento en lugar de buscar darse cuenta de él por sí mismo haciendo el trabajo necesario para adquirirlo. Para el que posee este conocimiento, ¿qué interés y qué valor pueden tener todas estas discusiones? El hecho de sustituir el conocimiento mismo por la «teoría del conocimiento» es quizás la más bella confesión de impotencia de la filosofía moderna.

Por lo demás, en toda certeza hay algo de incomunicable; nadie puede alcanzar realmente un conocimiento cualquiera de otro modo que por un esfuerzo estrictamente personal, y todo lo que otro puede hacer, es dar la ocasión e indicar los medios para llegar a él. Por eso es por lo que, en el orden puramente intelectual, sería vano pretender imponer una convicción cualquiera; a este respecto, la mejor argumentación no podría ocupar el lugar del conocimiento directo y efectivo.

Ahora bien, ¿se puede definir la metafísica tal como la entendemos? No, ya que definir es siempre limitar, y aquello de lo que se trata es, en sí mismo, verdadera y absolutamente ilimitado, y por consiguiente no podría dejarse encerrar en ninguna fórmula ni en ningún sistema. Se puede caracterizar la metafísica de una cierta manera, diciendo por ejemplo que es el conocimiento de los principios universales; pero eso no es una definición hablando propiamente, y, por lo demás, eso no puede dar de ella más que una idea bastante vaga. Agregaremos algo al respecto si decimos que este dominio de los principios se extiende mucho más lejos de lo que han pensado algunos Occidentales que no obstante han hecho metafísica, pero de una manera parcial e incompleta. Así, cuando Aristóteles consideraba la metafísica como el conocimiento del ser en tanto que ser, la identificaba a la ontología, es decir, que tomaba la parte por el todo. Para la metafísica oriental, el ser puro no es el primero ni el más universal de los principios, pues es ya una determinación; así pues, es menester ir más allá del ser, e incluso es eso lo que más importa. Por eso es por lo que, en toda concepción verdaderamente metafísica, es menester reservar siempre la parte de lo inexpresable; e incluso todo lo que se puede expresar no es literalmente nada al respeto de lo que rebasa toda expresión, como lo finito, cualquiera que sea su magnitud, es nulo frente a lo Infinito. Se puede sugerir mucho más de lo que se expresa, y es ese, en suma, el papel que desempeñan aquí las formas exteriores; todas estas formas, ya se trate de palabras o de símbolos, no constituyen más que un soporte, un punto de apoyo para elevarse a posibilidades de concepción que las rebasan incomparablemente; volveremos sobre esto después.

Hablamos de concepciones metafísicas, a falta de tener otro término a nuestra disposición para hacernos comprender; pero no se vaya a creer por eso que haya ahí nada asimilable a concepciones científicas o filosóficas; no se trata de operar «abstracciones», sino de tomar un conocimiento directo de la verdad tal cual es. La ciencia es el conocimiento racional, discursivo, siempre indirecto, un conocimiento por reflejo; la metafísica es el conocimiento suprarracional, intuitivo e inmediato. Por lo demás, esta intuición intelectual pura, sin la cual no hay metafísica verdadera, no debe ser asimilada de ninguna manera a la intuición de la que hablan algunos filósofos contemporáneos, ya que, al contrario, ésta es infrarracional. Hay una intuición intelectual y una intuición sensible; una está más allá de la razón, pero la otra está más acá de ella; esta última no puede aprehender más que el mundo del cambio y del devenir, es decir, la naturaleza, o más bien una ínfima parte de la naturaleza. El dominio de la intuición intelectual, al contrario, es el dominio de los principios eternos e inmutables, es el dominio metafísico.

El intelecto transcendente, para aprehender directamente los principios universales, debe ser él mismo de orden universal; ya no es una facultad individual, y considerarle como tal sería contradictorio, ya que no puede estar en las posibilidades del individuo rebasar sus propios límites, salir de las condiciones que le definen en tanto que individuo. La razón es una facultad propia y específicamente humana; pero lo que está más allá de la razón es verdaderamente «no humano»; es lo que hace posible el conocimiento metafísico, y éste, es menester repetirlo, no es un conocimiento humano. En otros términos, no es en tanto que hombre como el hombre puede llegar a él; sino que es en tanto que este ser, que es humano en uno de sus estados, es al mismo tiempo otra cosa y más que un ser humano; y es la toma de consciencia efectiva de los estados supraindividuales lo que es el objeto real de la metafísica, o, mejor todavía, lo que es el conocimiento metafísico mismo. Así pues, llegamos aquí a uno de los puntos más esenciales, y es necesario insistir en él: si el individuo fuera un ser completo, si constituyera un sistema cerrado a la manera de la mónada de Leibnitz, no habría metafísica posible; irremediablemente encerrado en él mismo, este ser no tendría ningún medio de conocer lo que no es del orden de existencia al cual pertenece. Pero ello no es así: el individuo no representa en realidad más que una manifestación transitoria y contingente del ser verdadero; no es más que un estado especial entre una multitud indefinida de otros estados del mismo ser; y este ser es, en sí mismo, absolutamente independiente de todas sus manifestaciones, del mismo modo que, para emplear una comparación que aparece a cada instante en los textos hindúes, el sol es absolutamente independiente de las múltiples imágenes en las cuales se refleja. Tal es la distinción fundamental del «Sí mismo» y del «yo», de la personalidad y de la individualidad; y, del mismo modo que las imágenes están ligadas por los rayos luminosos a la fuente solar sin la cual no tendrían ninguna existencia ni ninguna realidad, del mismo modo la individualidad, ya sea que se trate por lo demás de la individualidad humana o de todo otro estado análogo de manifestación, está ligada a la personalidad, al centro principial del ser, por este intelecto transcendente del que acabamos de hablar. No es posible, en los límites de esta exposición, desarrollar más completamente estas consideraciones, ni dar una idea más precisa de la teoría de los estados múltiples del ser; pero, no obstante, pienso haber dicho al respecto bastante para hacer presentir al menos su importancia capital en toda doctrina verdaderamente metafísica.

He dicho teoría, pero no es sólo de teoría de lo que se trata, y ese es también un punto que requiere ser explicado. El conocimiento teórico, que no es todavía más que indirecto y en cierto modo simbólico, no es más que una preparación, por lo demás, indispensable, del verdadero conocimiento. Por otra parte, es el único que sea comunicable de una cierta manera, y todavía no lo es completamente; por eso es por lo que toda exposición no es más que un medio de acercarse al conocimiento, y este conocimiento, que no es primero más que virtual, debe ser realizado después efectivamente. Encontramos aquí una nueva diferencia con esa metafísica parcial a la que hemos hecho alusión precedentemente, la de Aristóteles por ejemplo, ya teóricamente incompleta porque se limita al ser, y donde, además, la teoría parece ser presentada como bastándose a sí misma, en lugar de estar ordenada expresamente en vistas de una realización correspondiente, así como lo está siempre en todas las doctrinas orientales. No obstante, incluso en esta metafísica imperfecta, e incluso estaríamos tentados a decir en esta semimetafísica, se encuentran a veces afirmaciones que, si hubieran sido bien comprendidas, habrían debido conducir a consecuencias muy diferentes: así, ¿no dice Aristóteles claramente que un ser es todo lo que conoce? Esta afirmación de la identificación por el conocimiento, es el principio mismo de la realización metafísica; pero aquí este principio se queda aislado, no tiene más que el valor de una declaración completamente teórica, no se saca de él ningún partido, y parece que, después de haberlo planteado, ya no se piensa más en él; ¿cómo es posible que Aristóteles mismo y sus continuadores no hayan visto mejor todo lo que estaba implicado ahí? Es verdad que ocurre lo mismo en muchos otros casos, y que parecen olvidar a veces cosas tan esenciales como la distinción del intelecto puro y de la razón, después de haberlas formulado no obstante no menos explícitamente; son extrañas lagunas. ¿Es menester ver en eso el efecto de algunas limitaciones que serían inherentes al espíritu occidental, salvo excepciones más o menos raras, pero siempre posibles? Eso puede ser verdad en una cierta medida, pero sin embargo es menester no creer que la intelectualidad occidental haya sido, en general, tan estrechamente limitada antaño como lo es en la época moderna. Únicamente, doctrinas como éstas no son después de todo más que doctrinas exteriores, muy superiores a muchas otras, puesto que encierran a pesar de todo una parte de metafísica verdadera, pero siempre mezclada a consideraciones de un orden diferente, que, ellas, no tienen nada de metafísico... Por nuestra parte, tenemos la certeza de que ha habido otra cosa que eso en Occidente, en la antigüedad y en la edad media, que ha habido, para el uso de una élite, doctrinas puramente metafísicas y que podemos decir completas, comprendida en eso esta realización que, para la mayoría de los modernos, es sin duda una cosa apenas concebible; si Occidente ha perdido tan totalmente su recuerdo, es porque ha roto con sus propias tradiciones, y es por eso por lo que la civilización moderna es una civilización anormal y desviada.

Si el conocimiento puramente teórico fuera él mismo su propio fin, si la metafísica debiera quedarse ahí, eso ya sería algo, ciertamente, pero sería completamente insuficiente. A pesar de la certeza verdadera, más fuerte todavía que una certeza matemática, que está vinculada ya a un tal conocimiento, eso no sería en suma, en un orden incomparablemente superior, más que el análogo de lo que es en su orden inferior, terrestre y humano, la especulación científica y filosófica. No es eso lo que debe ser la metafísica; que otros se interesen en «juegos de espíritu» o en lo que puede parecer tal, es asunto suyo; para nos, las cosas de ese género nos son más bien indiferentes, y pensamos que las curiosidades del psicólogo deben ser perfectamente extrañas al metafísico. De lo que se trata para éste, es de conocer lo que es, y de conocerlo de tal manera, que uno mismo es, real y efectivamente, todo lo que conoce.

En cuanto a los medios de la realización metafísica, sabemos bien qué objeciones pueden hacer, en lo que les concierne, aquellos que creen deber contestar la posibilidad de esta realización. En efecto, estos medios deben estar al alcance del hombre; para las primeras etapas al menos, deben estar adaptados a las condiciones del estado humano, puesto que es en este estado donde se encuentra actualmente el ser que, partiendo de ahí, deberá tomar posesión de los estados superiores. Así pues, es en las formas que pertenecen a este mundo en el que se sitúa su manifestación presente donde el ser tomará un punto de apoyo para elevarse por encima de este mundo mismo; palabras, signos simbólicos, ritos o procedimientos preparatorios, cualesquiera que sean, no tienen otra razón de ser ni otra función: como ya lo hemos dicho, son soportes y nada más. Pero, dirán algunos, ¿cómo es posible que estos medios puramente contingentes produzcan un efecto que los rebasa inmensamente, un efecto que es de un orden completamente diferente de aquel al que pertenecen ellos mismos? Haremos observar primero que no son en realidad más que medios accidentales, y que el resultado que ayudan a obtener no es de ninguna manera su efecto; ponen al ser en las disposiciones requeridas para llegar a él más fácilmente, y eso es todo. Si la objeción que consideramos fuera válida en este caso, valdría igualmente para los ritos religiosos, para los sacramentos, por ejemplo, donde la desproporción no es menor entre el medio y el fin; algunos de aquellos que la formulan quizás no han pensado suficiente en ello. En cuanto a nos, no confundimos un simple medio con una causa en el verdadero sentido de esta palabra, y no consideramos la realización metafísica como un efecto de nada, porque no es la producción de algo que no existe todavía, sino la toma de consciencia de lo que es, de una manera permanente e inmutable, fuera de toda sucesión temporal u otra, ya que todos los estados del ser, considerados en su principio, son en perfecta simultaneidad en el eterno presente.

Así pues, no vemos ninguna dificultad en reconocer que no hay ninguna medida común entre la realización metafísica y los medios que conducen a ella, o, si se prefiere, que la preparan. Por lo demás, es por eso por lo que ninguno de estos medios es estrictamente necesario, de una necesidad absoluta; o al menos no hay más que una única preparación verdaderamente indispensable, y es el conocimiento teórico. Éste, por otra parte, no podría ir muy lejos sin un medio que debemos considerar así como el que desempeñará el papel más importante y el más constante: este medio, es la concentración; y eso es algo absolutamente extraño, contrario incluso a los hábitos mentales del Occidente moderno, donde todo tiende a la dispersión y al cambio incesante. Todos los demás medios no son más que secundarios en relación a éste: sirven sobre todo para favorecer la concentración, y también para armonizar entre ellos los diversos elementos de la individualidad humana, a fin de preparar la comunicación efectiva entre esta individualidad y los estados superiores del ser.

Por lo demás, en el punto de partida, estos medios podrán ser casi indefinidamente variados, ya que, para cada individuo, deberán ser apropiados a su naturaleza especial, conformes a sus aptitudes y a sus disposiciones particulares. Después, las diferencias irán disminuyendo, ya que se trata de vías múltiples que tienden todas hacia una misma meta; y, a partir de un cierto estadio, toda multiplicidad habrá desaparecido; pero entonces los medios contingentes e individuales habrán acabado de desempeñar su papel. Para mostrar que no es en modo alguno necesario, algunos textos hindúes comparan este papel al de un caballo con cuya ayuda un hombre llegará más rápido y más fácilmente al término de su viaje, pero sin el cual también podría llegar a él. Los ritos, los procedimientos diversos indicados en vista de la realización metafísica, podrían desatenderse y, no obstante, únicamente por la fijación constante del espíritu y de todas las potencias del ser sobre la meta de esta realización, alcanzar finalmente esta meta suprema; pero, si hay medios que hacen el esfuerzo menos penoso, ¿por qué desatenderlos voluntariamente? ¿Es confundir lo contingente y lo absoluto tener en cuenta las condiciones del estado humano, puesto que es desde este estado, contingente él mismo, desde donde estamos actualmente obligados a partir para la conquista de los estados superiores, y después del estado supremo e incondicionado?

Indicamos ahora, según las enseñanzas que son comunes a todas las doctrinas tradicionales de Oriente, las principales etapas de la realización metafísica. La primera, que no es más que preliminar en cierto modo, se opera en el dominio humano y no se extiende todavía más allá de la individualidad. Consiste en una extensión indefinida de esta individualidad, de la que la modalidad corporal, la única que sea desarrollada en el hombre ordinario, no representa más que una porción muy pequeña; es desde esta modalidad corporal de donde es menester partir de hecho, de donde el uso, para comenzar, de medios tomados al orden sensible, pero que deberán tener una repercusión en las demás modalidades del ser humano. La fase de la que hablamos es en suma la realización o el desarrollo de todas las posibilidades que están contenidas virtualmente en la individualidad humana, que constituyen como prolongamientos múltiples suyos que se extienden en diversos sentidos más allá del dominio corporal y sensible; y es por estos prolongamientos por los que se podrá establecer después la comunicación con los demás estados.

Esta realización de la individualidad integral es designada por todas las tradiciones como la restauración de lo que llaman el «estado primordial», estado que se considera como el del hombre verdadero, y que escapa ya a algunas de las limitaciones características del estado ordinario, concretamente a la que se debe a la condición temporal. El ser que ha alcanzado este «estado primordial» no es todavía más que un individuo humano, y no está en posesión efectiva de ningún estado supraindividual; y, sin embargo, desde entonces está liberado del tiempo, la sucesión aparente de las cosas se ha transmutado para él en simultaneidad; posee conscientemente una facultad que es desconocida para el hombre ordinario y que se puede llamar el «sentido de la eternidad». Esto es de una extrema importancia, ya que el que no puede salir del punto de vista de la sucesión temporal y considerar todas las cosas en modo simultáneo es incapaz de la menor concepción del orden metafísico. La primera cosa que tiene que hacer quien quiere llegar verdaderamente al conocimiento metafísico, es colocarse fuera del tiempo, diríamos de buena gana en el «no tiempo», si una tal expresión no debiera parecer demasiado singular e inusitada. Por lo demás, esta consciencia de lo intemporal puede ser alcanzada de una cierta manera, sin duda muy incompleta, pero ya real no obstante, mucho antes de que sea obtenido en su plenitud este «estado primordial» del que acabamos de hablar.

Se preguntará quizás: ¿por qué esta denominación de «estado primordial»? Es porque todas las tradiciones, comprendida la de Occidente (ya que la Biblia misma no dice otra cosa), están de acuerdo en enseñar que este estado es el que era normal en los orígenes de la humanidad, mientras que el estado presente no es más que el resultado de una decadencia, el efecto de una suerte de materialización progresiva que se ha producido en el curso de las edades, durante la duración de un cierto ciclo. Nos no creemos en la "evolución", en el sentido que los modernos dan a esta palabra; las hipótesis supuestamente científicas que han imaginado no corresponden en modo alguno a la realidad. Por lo demás, no es posible hacer aquí más que una simple alusión a la teoría de los ciclos cósmicos, que está particularmente desarrollada en las doctrinas hindúes; eso sería salir de nuestro tema, ya que la cosmología no es la metafísica, aunque depende de ella bastante estrechamente; no es más que una aplicación suya al orden físico, y las verdaderas leyes naturales no son más que consecuencias, en un dominio relativo y contingente, de los principios universales y necesarios.

Volvamos a la realización metafísica: su segunda fase se refiere a los estados supraindividuales, pero todavía condicionados, aunque sus condiciones sean completamente diferentes de las del estado humano. Aquí, el mundo del hombre, donde estábamos todavía en el estadio precedente, es rebasado entera y definitivamente. Es menester decir más: lo que es rebasado, es el mundo de las formas en su acepción más general, que comprende todos los estados individuales cualesquiera que sean, ya que la forma es la condición común a todos estos estados, aquella por la que se define la individualidad como tal. El ser, al que ya no puede llamarse humano, ha salido en adelante de la «corriente de las formas», según la expresión extremo oriental. Por lo demás, habría que hacer otras distinciones, ya que esta fase puede subdividirse: conlleva en realidad varias etapas, desde la obtención de estados que, aunque informales, pertenecen todavía a la existencia manifestada, hasta el grado de universalidad que es el del ser puro.

Sin embargo, por elevados que sean estos estados en relación al estado humano, por alejados que estén de éste, no son todavía más que relativos, y eso es verdad inclusive del más alto de entre ellos, el que corresponde al principio de toda manifestación. Así pues, su posesión no es más que un resultado transitorio, que no debe ser confundido con la meta última de la realización metafísica; es más allá del ser donde reside esta meta, en relación a la cual todo el resto no es más que encaminamiento y preparación. Esta meta suprema, es el estado absolutamente incondicionado, liberado de toda limitación; por esta razón misma, es enteramente inexpresable, y todo lo que se puede decir de él no se traduce más que por términos de forma negativa: negación de los límites que determinan y definen toda existencia en su relatividad. La obtención de este estado, es lo que la doctrina hindú llama la «Liberación», cuando la considera en relación a los estados condicionados, y también la «Unión», cuando la considera en relación al Principio supremo.

En este estado incondicionado, todos los demás estados del ser se encuentran por lo demás en principio, pero transformados, liberados de las condiciones especiales que los determinaban en tanto que estados particulares. Lo que subsiste, es todo lo que tiene una realidad positiva, puesto que es ahí donde todo tiene su principio; el ser «liberado» está verdaderamente en posesión de la plenitud de sus posibilidades. Lo que ha desaparecido, son sólo las condiciones limitativas, cuya realidad es completamente negativa, puesto que no representan más que una «privación» en el sentido en que Aristóteles entendía esta palabra. Así, muy lejos de ser una suerte de aniquilamiento como lo creen algunos Occidentales, este estado final es al contrario la absoluta plenitud, la realidad suprema frente a la que todo lo demás no es más que ilusión.

Agregamos todavía que todo resultado, incluso parcial, obtenido por el ser en el curso de la realización metafísica lo es de una manera definitiva. Este resultado constituye para ese ser una adquisición permanente, que nada puede hacerle perder jamás; el trabajo cumplido en este orden, incluso si viene a ser interrumpido antes del término final, está hecho de una vez por todas, por eso mismo de que está fuera del tiempo. Eso es verdad incluso para el simple conocimiento teórico, ya que todo conocimiento lleva su fruto en sí mismo, bien diferente en eso de la acción, que no es más que una modificación momentánea del ser y que está siempre separada de sus efectos. Por lo demás, éstos son del mismo dominio y del mismo orden de existencia que lo que los ha producido; la acción no puede tener como efecto liberar de la acción, y sus consecuencias no se extienden más allá de los límites de la individualidad, considerada por lo demás en la integridad de la extensión de la que es susceptible. La acción, cualquiera que sea, al no ser opuesta a la ignorancia que es la raíz de toda limitación, no podría hacer que se desvanezca: únicamente el conocimiento disipa la ignorancia como la luz del sol disipa las tinieblas, y es entonces cuando el «Sí mismo», el principio inmutable y eterno de todos los estados manifestados y no manifestados, aparece en su suprema realidad.

Después de este esbozo muy imperfecto y que no da ciertamente más que una idea muy débil de lo que puede ser la realización metafísica, es menester hacer una precisión que es enteramente esencial para evitar graves errores de interpretación: es que todo aquello de lo que se trata aquí no tiene ninguna relación con «fenómenos» cualesquiera, más o menos extraordinarios. Todo lo que es fenómeno es de orden físico; la metafísica está más allá de los fenómenos; y tomamos esta palabra en su mayor generalidad. Resulta de eso, entre otras consecuencias, que los estados de los que acabamos de hablar no tienen absolutamente nada de «psicológico»; es menester decirlo claramente, porque se han producido a veces a este respecto singulares confusiones. La psicología, por definición misma, no podría tener presa más que sobre estados humanos, y todavía, tal como se la entiende hoy, no alcanza más que a una zona muy restringida en las posibilidades del individuo, que se extienden mucho más lejos de lo que los especialistas de esta ciencia pueden suponer. El individuo humano, en efecto, es a la vez mucho más y mucho menos de lo que se piensa ordinariamente en Occidente; es mucho más, en razón de sus posibilidades de extensión indefinida más allá de la modalidad corporal, a la que se refiere en suma todo lo que se estudia de él comúnmente; pero es también mucho menos, puesto que, muy lejos de constituir un ser completo y que se basta a sí mismo, no es más que una manifestación exterior, una apariencia fugitiva revestida por el ser verdadero, cuya esencia no es afectada de ninguna manera por eso en su inmutabilidad.

Es menester insistir sobre este punto, que el dominio metafísico está enteramente fuera del mundo fenoménico, ya que los modernos, habitualmente, no conocen y no buscan apenas más que los fenómenos; es en éstos en lo que se interesan casi exclusivamente, como da testimonio de ello, por lo demás, el desarrollo que han dado a las ciencias experimentales; y su inaptitud metafísica procede de la misma tendencia. Sin duda, puede ocurrir que algunos fenómenos especiales se produzcan en el trabajo de realización metafísica, pero de una manera completamente accidental: ese es un resultado más bien enojoso, ya que las cosas de este género no pueden ser más que un obstáculo para el que estuviera tentado de atribuirles alguna importancia. El que se deja detener y desviar de su vía por los fenómenos, el que se deja ir sobre todo a buscar «poderes» excepcionales, tiene muy pocas posibilidades de llevar la realización más allá del grado al que haya llegado ya cuando sobreviene esta desviación.

Esta precisión conduce naturalmente a rectificar algunas interpretaciones erróneas que tienen curso a propósito de la palabra «Yoga»; ¿no se ha pretendido a veces, en efecto, que lo que los Hindúes designan por esta palabra es el desarrollo de algunos poderes latentes del ser humano? Lo que acabamos de decir basta para mostrar que una tal definición debe ser rechazada. En realidad, esta palabra «Yoga» es la que hemos traducido tan literalmente como es posible por «Unión»; lo que designa propiamente, es pues la meta suprema de la realización metafísica; y el «Yogî», si se quiere entender en el sentido más estricto, es únicamente el que ha alcanzado esta meta. No obstante, es verdad que, por extensión, estos mismos términos, en algunos casos, son aplicados también a estadios preparatorios a la «Unión» o incluso a simples medios preliminares, y al ser que ha llegado a los estados correspondientes a esos estadios o que emplea estos medios para llegar a ellos. ¿Pero cómo se podría sostener que una palabra cuyo sentido primero es «Unión», designe propia y primitivamente ejercicios respiratorios o cualquier otra cosa de este género? Estos ejercicios y otros, basados generalmente sobre lo que podemos llamar la ciencia del ritmo, figuran efectivamente entre los medios más usados en vista de la realización metafísica; pero que no se tome por un fin lo que no es más que un medio contingente y accidental, y que no se tome tampoco por la significación original de una palabra lo que no es más que una acepción secundaria y más o menos desviada.

Al hablar de lo que es primitivamente el «Yoga», y al decir que esta palabra ha designado siempre esencialmente la misma cosa, se puede pensar en plantear una cuestión de la que no hemos dicho nada hasta aquí: estas doctrinas metafísicas tradicionales de las que tomamos todos los datos que exponemos, ¿cuál es su origen? La respuesta es muy simple, aunque la misma se arriesga a levantar las protestas de aquellos que querrían considerar todo desde el punto de vista histórico: es que no hay origen; con eso queremos decir que no hay origen humano, susceptible de ser determinado en el tiempo. En otros términos, el origen de la tradición, si es que esta palabra de origen ha de tener todavía una razón de ser en parecido caso, es «no humano» como la metafísica misma. Las doctrinas de este orden no han aparecido en un momento cualquiera de la historia de la humanidad: la alusión que hemos hecho al «estado primordial», y también, por otra parte, lo que hemos dicho del carácter intemporal de todo lo que es metafísica, deberían permitir comprenderlo sin demasiada dificultad, a condición de que uno se resigne a admitir, contrariamente a algunos prejuicios, que hay cosas a las que el punto de vista histórico no es aplicable de ninguna manera. La verdadera metafísica es eterna; por eso mismo, ha habido siempre seres que han podido conocerla real y totalmente. Lo que puede cambiar, no son más que las formas exteriores, los medios contingentes; y este cambio mismo no tiene nada de lo que los modernos llaman «evolución»; no es más que una simple adaptación a tales o cuales circunstancias particulares, a las condiciones especiales de una raza o de una época determinada. De ahí resulta la multiplicidad de las formas; pero el fondo de la doctrina no es en modo alguno modificado o afectado por eso, como tampoco son alteradas la unidad y la identidad esenciales del ser por la multiplicidad de sus estados de manifestación.

Así pues, el conocimiento metafísico, y la realización que implica para ser verdaderamente todo lo que debe ser, son posibles por todas partes y siempre, en principio al menos, y si esta posibilidad es considerada de una manera absoluta en cierto modo; pero de hecho, si puede decirse prácticamente, y en un sentido relativo, ¿son igualmente posibles en no importa cuál medio y sin tener en cuenta las contingencias? Sobre esto, seremos mucho menos afirmativos, al menos en lo que concierne a la realización; y eso se explica por el hecho de que ésta, en su comienzo, debe tomar su punto de apoyo en el orden de las contingencias. Puede haber condiciones particularmente desfavorables, como las que ofrece el mundo occidental moderno, tan desfavorables que un tal trabajo es ahí casi imposible, y que incluso podría ser peligroso de emprender, en ausencia de todo apoyo proporcionado por el medio, y en un ambiente que no puede más que contrariar e incluso aniquilar los esfuerzos de aquel que se libre a él. Por el contrario, las civilizaciones que llamamos tradicionales están organizadas de tal manera que se puede encontrar en ellas una ayuda eficaz, que sin duda no es rigurosamente indispensable, como tampoco lo es todo lo que es exterior, pero sin la cual no obstante es muy difícil obtener resultados efectivos. En eso hay algo que rebasa las fuerzas de un individuo humano aislado, incluso si ese individuo posee las cualificaciones requeridas; así pues, no querríamos animar a nadie, en las condiciones presentes, a comprometerse desconsideradamente en una tal empresa; y esto va a conducirnos directamente a nuestra conclusión.

Para nos, la gran diferencia entre Oriente y Occidente (y se trata aquí exclusivamente del Occidente moderno), la única diferencia incluso que sea verdaderamente esencial, ya que todas las demás se derivan de ella, es ésta: por una parte, conservación de la tradición con todo lo que implica; por la otra, olvido y pérdida de esta misma tradición; por un lado, mantenimiento del conocimiento metafísico; por el otro, ignorancia completa de todo lo que se refiere a este dominio. Entre civilizaciones que abren a su élite las posibilidades que hemos intentado hacer entrever, que le dan los medios más apropiados para realizar efectivamente estas posibilidades, y que, a algunos al menos, les permiten realizarlas así en su entera plenitud, entre estas civilizaciones tradicionales y una civilización que se ha desarrollado en un sentido puramente material, ¿cómo se podría encontrar una medida común? ¿Y quién pues, a menos de estar cegado por no sabemos qué toma de partido, osará pretender que la superioridad material compensa la inferioridad intelectual? Intelectual, decimos, pero entendiendo por ello la verdadera intelectualidad, la que no se limita al orden humano ni al orden natural, la que hace posible el conocimiento metafísico puro en su absoluta transcendencia. Nos parece que basta reflexionar un instante sobre estas cuestiones para no tener duda alguna ni ninguna vacilación sobre la respuesta que conviene darles.

La superioridad material del Occidente moderno no es contestable; nadie se la contesta tampoco, pero nadie la envidia. Es menester ir más lejos: en este desarrollo material excesivo, Occidente se arriesga a perecer más pronto o más tarde si no se detiene a tiempo, y si no viene a considerar seriamente el «retorno a los orígenes», según una expresión que está en uso en algunas escuelas de esoterismo islámico. Por diversos lados, se habla mucho hoy de «defensa de

Occidente»; pero, desgraciadamente, nadie parece comprender que es contra sí mismo sobre todo que Occidente tiene necesidad de ser defendido, que es de sus propias tendencias actuales de donde le vienen los principales y los más temibles de todos los peligros que le amenazan realmente. Sería bueno meditar sobre esto profundamente, y no se podría invitar a ello demasiado a todos los que son todavía capaces de reflexionar. Así pues, es con esto con lo que terminaré mi exposición, feliz si he podido, si no hacer comprender plenamente, sí al menos hacer presentir algo de esta intelectualidad oriental cuyo equivalente ya no se encuentra en Occidente, y dar una apercepción, por imperfecta que sea, de lo que es la metafísica verdadera, el conocimiento por excelencia, que es, como lo dicen los textos sagrados de la India, el único enteramente verdadero, absoluto, infinito y supremo.

SAN BERNARDO

René Guénon

Entre las grandes figuras de la edad media, hay pocas cuyo estudio sea más propio que la de San Bernardo, para disipar algunos prejuicios queridos del espíritu moderno. ¿Qué hay, en efecto, más desconcertante para este espíritu que ver a un puro contemplativo, que ha querido ser y permanecer siempre tal, llamado a desempeñar un papel preponderante en la dirección de los asuntos de la Iglesia y del Estado, y que triunfa frecuentemente allí donde había fracasado toda la prudencia de los políticos y de los diplomáticos de profesión? ¿Qué hay más sorprendente e incluso más paradójico, según la manera ordinaria de juzgar las cosas, que un místico que no siente más que desdén para lo que llama «las argucias de Platón y las sutilezas de Aristóteles», y que triunfa no obstante sin esfuerzo sobre los más sutiles dialécticos de su tiempo? Toda la vida de San Bernardo podría parecer destinada a mostrar, por un ejemplo brillante, que existen, para resolver los problemas del orden intelectual e incluso los de orden práctico, otros medios que aquellos a los que se está habituado desde hace mucho tiempo a considerar como los únicos eficaces, sin duda porque son los únicos al alcance de una sabiduría puramente humana, que no es ni siquiera la sombra de la verdadera sabiduría. Esta vida aparece así en cierto modo como una refutación anticipada de esos errores, opuestos en apariencia, pero en realidad solidarios, que son el racionalismo y el pragmatismo; y al mismo tiempo, confunde e invierte, para quien la examina imparcialmente, todas las ideas preconcebidas de los historiadores «cientificistas» que estiman, con Renan, que la «negación de lo sobrenatural forma la esencia misma de la crítica», lo que, por lo demás, admitimos de buena gana, pero porque vemos en esta incompatibilidad todo lo contrario de lo que ven ellos, es decir, la condena de la «crítica» misma, y no la de lo sobrenatural. En verdad, en nuestra época, ¿qué lecciones podrían ser más provechosas que esas?

* * *

Bernardo nació en 1090 en Fontaines-lès-Dijon; sus padres pertenecían a la alta nobleza de la Borgoña, y, si notamos este hecho, es porque nos parece que algunos rasgos de su vida y de su doctrina, de los que tendremos que hablar a continuación, pueden relacionarse hasta un cierto punto con este origen. No queremos decir que solo por eso sea posible explicar el ardor a veces belicoso de su celo o la violencia que aportó en varias ocasiones a las polémicas a las que fue arrastrado, y que, por lo demás, era todo de superficie, ya que la bondad y la dulzura constituían incontestablemente el fondo de su carácter. A lo que entendemos hacer alusión sobre todo, es a sus relaciones con las instituciones y el ideal caballeresco, a las que, por lo demás, es menester acordar siempre una gran importancia si se quieren comprender los acontecimientos y el espíritu mismo de la edad media.

Hacia la veintena de su vida Bernardo concibió el proyecto de retirarse del mundo; y en poco tiempo logró hacer participar de sus intenciones a todos sus hermanos, a algunos de sus allegados y a un cierto número de sus amigos. En este primer apostolado, su fuerza de persuasión era tal, a pesar de su juventud, que pronto «devino, dice su biógrafo, el terror de las madres y de las esposas; los amigos temían verle abordar a sus amigos». En eso hay algo de extraordinario, y sería ciertamente insuficiente invocar la fuerza del «genio», en el sentido profano de esta palabra, para explicar una influencia semejante. ¿No vale más reconocer en ello la acción de la gracia divina que, penetrando en cierto modo toda la persona del apóstol e irradiando hacia fuera por su sobreabundancia, se comunicaba a través de él como por un canal, según la comparación que él mismo empleará más tarde aplicándosela a la Santa Virgen, y que, restringiendo más o menos su alcance, se puede aplicar también a todos los santos?

Así pues, acompañado de una treintena de jóvenes, Bernardo, en 1112, entró en el monasterio de Cîteaux, que había escogido en razón del rigor con el que allí se observaba la regla, rigor que contrastaba con la relajación que se había introducido en todas las demás ramas de la Orden benedictina. Tres años más tarde, sus superiores no vacilaban en confiarle, a pesar de su inexperiencia y de su salud delicada, la dirección de doce religiosos que iban a fundar una nueva abadía, la de Clairvaux, que debía gobernar hasta su muerte, rechazando siempre los honores y las dignidades que se le ofrecerían tan frecuentemente en el curso de su carrera. El renombre de Clairvaux no tardó en extenderse lejos, y el desarrollo que esta abadía adquirió pronto, fue verdaderamente prodigioso. Cuando murió su fundador, abrigaba, se dice, alrededor de setecientos monjes, y había dado nacimiento a más de sesenta nuevos monasterios.

* * *

El cuidado que Bernardo aportó a la administración de Clairvaux, regulando él mismo hasta los más minuciosos detalles de la vida corriente, la parte que tomó en la dirección de la Orden cisterciense, como jefe de una de sus primeras abadías, la habilidad y el éxito de sus intervenciones para allanar las dificultades que surgían frecuentemente con Órdenes rivales, todo eso hubiera bastado ya para probar que lo que se llama el sentido práctico puede aliarse muy bien a veces con la más alta espiritualidad. En eso había más de lo que hubiera sido necesario para absorber toda la actividad de un hombre ordinario; y, sin embargo, muy a pesar suyo, Bernardo iba a ver pronto abrirse ante él un campo de acción muy diferente, ya que nunca temió tanto a nada como a ser obligado a salir de su claustro para mezclarse a los asuntos del mundo exterior, de los cuales había creído poder aislarse para siempre, para librarse enteramente a la ascesis y a la contemplación, sin que nada viniera a distraerle de lo que, según la palabra evangélica, era a sus ojos «la única cosa necesaria». En esto, se había equivocado enormemente; pero todas las «distracciones», en el sentido etimológico de la palabra, a las que no pudo sustraerse y de las que llegó a quejarse con alguna amargura, no le impidieron alcanzar las cimas de la vida mística. Esto es muy destacable; lo que no lo es menos, es que, a pesar de toda su humildad y de todos los esfuerzos que hizo para permanecer en la sombra, se hizo llamada a su colaboración en todos los asuntos importantes, y que, aunque no hizo nada a los ojos del mundo, todos, comprendidas las más altas dignidades civiles y eclesiásticas, se inclinaron siempre espontáneamente delante de su autoridad completamente espiritual, y no sabemos si eso es más para alabanza del santo o para alabanza de la época en la que vivió. ¡Qué contraste entre nuestro tiempo y aquél donde un simple monje, únicamente por la radiación de sus virtudes eminentes, podía devenir en cierto modo el centro de Europa y de la Cristiandad, el árbitro incontestado de todos los conflictos donde el interés público estaba en juego, tanto en el orden político como en el orden religioso, el juez de los maestros más reputados de la filosofía y de la teología, el restaurador de la unidad de la Iglesia, el mediador entre el Papado y el Imperio, y ver finalmente a ejércitos de varios centenares de miles de hombres levantarse a su predicación!

* * *

Bernardo había comenzado en buena hora a denunciar el lujo en que vivían entonces la mayoría de los miembros del clero secular e incluso los monjes de algunas abadías; sus amonestaciones habían provocado conversiones resonantes, entre las cuales está la de Suger, el ilustre abad de Saint-Denis, que, sin llevar todavía el título de primer ministro del rey de Francia, desempeñaba ya sus funciones. Es esta conversión la que hizo conocer a la corte el nombre del abad de Clairvaux, a quien se consideró allí, según parece, con un respeto mezclado de temor, porque se veía en él el adversario irreductible de todos los abusos y de todas las injusticias; y pronto, en efecto, se le vio intervenir en los conflictos que habían estallado entre Louis le Gros y diversos obispos, y protestar duramente contra las invasiones del poder civil sobre los derechos de la Iglesia. A decir verdad, en eso no se trataba todavía más que de asuntos puramente locales, que interesaban solo a tal monasterio o a tal diócesis; pero, en 1130, sobrevinieron acontecimientos de una gravedad mucho mayor, que pusieron en peligro a la Iglesia toda entera, dividida por el cisma del antipapa Anacleto II, y es en esta ocasión donde el renombre de Bernardo debía difundirse en toda la Cristiandad.

No vamos a seguir aquí la historia del cisma en todos sus detalles: los cardenales, divididos en dos facciones rivales, habían elegido sucesivamente a Inocente II y a Anacleto II; el primero, forzado a huir de Roma, no desesperó de su derecho y apeló a la Iglesia universal. Francia fue quien respondió primero; en el concilio convocado por el rey en Etampes, Bernardo apareció, dice su biógrafo, «como un verdadero enviado de Dios» en medio de los obispos y de los señores reunidos; todos siguieron su consejo sobre la cuestión sometida a su examen y reconocieron la validez de la elección de Inocente II. Éste se encontraba entonces en suelo francés, y fue en la abadía de Cluny donde Suger vino a anunciarle la decisión del concilio; recorrió las principales diócesis y fue acogido por todas partes con entusiasmo; este movimiento iba a arrastrar la adhesión de casi toda la Cristiandad. El abad de Clairvaux fue a ver al rey de Inglaterra y triunfó prontamente de sus vacilaciones; y quizás tuvo una parte, al menos indirecta, en el reconocimiento de Inocente II por el rey Lothaire y el clero alemán. Fue después a Aquitania para combatir la influencia del obispo Gerard d´Angouleme, partidario de Anacleto II; pero fue solo en el curso de un segundo viaje a esta región, en 1135, donde debía triunfar y destruir en ella el cisma al operar la conversión del conde Poitiers. En el intervalo, había debido trasladarse a Italia, llamado por Inocente II que había vuelto allí con el apoyo de Lothaire, pero que estaba detenido por dificultades imprevistas, debidas a la hostilidad de Pisa y de Génova; era menester pues encontrar un arreglo entre las dos ciudades rivales y hacérselo aceptar; es a Bernardo a quién se encargó esta misión difícil, misión que resolvió con el más maravilloso éxito. Inocente pudo finalmente entrar en Roma, pero Anacleto permaneció atrincherado en San Pedro del que fue imposible tomar posesión; Lothaire, coronado emperador en San Juan de Letran, se retiró pronto con su ejército; después de su marcha, el antipapa retomó la ofensiva, y el pontífice legítimo tuvo que huir de nuevo y refugiarse en Pisa.

El abad de Clairvaux, que había regresado a su claustro, se enteró de estas noticias con consternación; poco después le llegó el rumor de la actividad desplegada por Roger, rey de Sicilia, para ganar toda Italia a la causa de Anacleto, al mismo tiempo que para asegurarse su propia supremacía. Bernardo escribió inmediatamente a los habitantes de Pisa y de Génova para animarles a permanecer fieles a Inocente; pero esta fidelidad no constituía más que un apoyo muy débil, y, para reconquistar Roma, era sólo de Alemania de quien se podía esperar una ayuda eficaz. Desgraciadamente, el imperio era también presa de divisiones, y Lothaire no podía volver a Italia antes de haber asegurado la paz en su propio país. Bernardo partió para Alemania y trabajó en la reconciliación de los Hohenstaufen con el emperador; allí también sus esfuerzos fueron coronados con el éxito; vio consagrar el feliz resultado en la dieta de Bamberg, que dejó enseguida para trasladarse al concilio que Inocente II había convocado en Pisa. En esta ocasión, tuvo que dirigir amonestaciones a Louis le Gros, que se había opuesto a la partida de los obispos de su reino; la prohibición fue levantada, y los principales miembros del clero francés, pudieron responder a la llamada del jefe de la Iglesia. Bernardo fue el alma del concilio; en el intervalo de las sesiones, cuenta un historiador de la época, su puerta estaba asediada por aquellos que tenían algún asunto grave que tratar, como si este humilde monje tuviera el poder de resolver a voluntad todas las cuestiones eclesiásticas. Delegado después a Milán para restablecer la ciudad a Inocente II y a Lothaire, se vio aclamado por el clero y los fieles que, en una manifestación espontánea de entusiasmo, quisieron hacer de él su arzobispo, y tuvo que hacer el mayor esfuerzo para sustraerse a este honor. No aspiraba más que a volver a su monasterio; volvió en efecto, pero no fue para mucho tiempo.

Desde comienzos del año 1136, Bernardo debió abandonar una vez más su soledad, conforme al deseo del Papa, para venir a incorporarse en Italia al ejército alemán, al mando del duque Henri de Baviere, yerno del emperador. La desavenencia había estallado entre éste e Inocente II; Henri, poco preocupado de los derechos de la Iglesia, afectaba en todas las circunstancias no ocuparse más que de los intereses del Estado. Así pues, el abad de Clairvaux tuvo que esforzarse aquí para restablecer la concordia entre los dos poderes y conciliar sus pretensiones rivales, especialmente en algunas cuestiones de investiduras, en las que parece haber desempeñado constantemente un papel de moderador. No obstante, Lothaire, que había tomado él mismo el mando del ejército, sometió toda la Italia meridional; pero cometió el error de rechazar las proposiciones de paz del rey de Sicilia, que no tardó en tomar su revancha, devastando todo a sangre y fuego. Bernardo no vaciló entonces en presentarse en el campo de Roger, que acogió muy mal sus palabras de paz, y a quién predijo una derrota que se produjo en efecto; después, siguiéndole los pasos, le encontró en Salermo y se esforzó en apartarle del cisma en el que la ambición le había arrojado. Roger consintió en escuchar contradictoriamente a los partidarios de Inocente y de Anacleto, pero, aunque parecía conducir la encuesta con imparcialidad, solo buscó ganar tiempo y rechazó tomar una decisión; al menos, este debate tuvo como feliz resultado acarrear la conversión de uno de los principales autores del cisma, el Cardenal Pierre de Pisa, que Bernardo condujo con él junto a Inocente II. Esta conversión dio un golpe terrible a la causa del antipapa; Bernardo supo aprovecharla, y en Roma mismo, por su palabra ardiente y convencida, consiguió en algunos días apartar del partido de Anacleto a la mayoría de los disidentes. Esto pasaba en 1137, hacía la época de las fiestas de Navidad; un mes más tarde, Anacleto moría súbitamente. Algunos de los cardenales más comprometidos en el cisma eligieron un nuevo antipapa bajo el nombre de Víctor IV; pero su resistencia no podía durar mucho tiempo, y, el día de la octava de Pentecostés, todos se sometieron; desde la semana siguiente, el abad de Clairvaux retomaba el camino de su monasterio.

Este resumen muy rápido basta para dar una idea de lo que se podría llamar la actividad política de San Bernardo, que por lo demás no se detuvo ahí: de 1140 a 1144, tuvo que protestar contra la intromisión abusiva del rey Louis le Jeune en las elecciones episcopales, después tuvo que intervenir en un grave conflicto entre este mismo rey y el conde Thibaut de Champagne; pero sería fastidioso extenderse sobre estos diversos acontecimientos. En suma, se puede decir que la conducta de Bernardo estuvo siempre determinada por las mismas intenciones: defender el derecho, combatir la injusticia, y, quizás por encima de todo, mantener la unidad en el mundo cristiano. Es esta preocupación constante de la unidad la que le animó en su lucha contra el cisma; es también la que le hizo emprender, en 1145, un viaje en el Languedoc para conducir al seno de la Iglesia a los heréticos neomaniqueos que comenzaban a extenderse en esta región. Parece que haya tenido sin cesar presente en el pensamiento esta palabra del Evangelio: «Que sean todos uno, como mi Padre y yo somos uno».

* * *

No obstante, el abad de Clairvaux no tuvo que luchar solo en el dominio político, sino también en el dominio intelectual, donde sus triunfos no fueron menos brillantes, puesto que estuvieron marcados por la condena de dos adversarios eminentes, Abélard y Gilbert de la Porée. El primero, por su enseñanza y por sus escritos, se había granjeado la reputación de un dialéctico de los más hábiles; abusaba incluso de la dialéctica, ya que, en lugar de no ver en ella más que lo que es realmente, un simple medio para llegar al conocimiento de la verdad, la consideraba casi como un fin en sí misma, lo que resultaba naturalmente en una suerte de verbalismo. Igualmente, parece que haya habido en él, ya sea en el método, o ya sea en el fondo mismo de las ideas, una búsqueda de la originalidad que le acerca un poco a los filósofos modernos; y, en una época donde el individualismo era algo casi desconocido, este defecto no podía intentar pasar por una cualidad como ocurre en nuestros días. Así pues, algunos se inquietaron pronto ante estas novedades, que tendían nada menos que a establecer una verdadera confusión entre el dominio de la razón y el dominio de la fe; no es que Abélard de la Porée fuera hablando propiamente un «racionalista» como se ha pretendido a veces, ya que no hubo racionalistas antes de Descartes; pero no supo hacer la distinción entre lo que depende de la razón y lo que le es superior, entre la filosofía profana y la sabiduría sagrada, entre el saber puramente humano y el conocimiento trascendente, y eso es la raíz de todos sus errores. ¿No llega a sostener que los filósofos y los dialécticos gozan de una inspiración habitual que sería comparable a la inspiración sobrenatural de los profetas? Se comprende sin esfuerzo que San Bernardo, cuando se llamó su atención sobre semejantes teorías, se haya levantado contra ellas con fuerza e incluso con un cierto arrebato, y también que haya reprochado amargamente a su autor haber enseñado que la fe no era más que una simple opinión. La controversia entre estos dos hombres tan diferentes, que comenzó en conversaciones particulares, tuvo pronto una inmensa resonancia en las escuelas y los monasterios; Abelardo, confiando en su habilidad para manejar el razonamiento, pidió al arzobispo de Sens que reuniera un concilio ante el que se justificaría públicamente, ya que pensaba conducir la discusión de tal manera que la manejaría fácilmente para confusión de su adversario. Las cosas pasaron de un modo muy diferente: en efecto, el abad de Clairvaux no concebía el concilio más que como un tribunal ante el que el teólogo sospechoso comparecería como acusado; en una sesión preparatoria, presentó las obras de Abelardo y sacó de ellas las proposiciones más temerarias, cuya heterodoxia probó; al día siguiente, habiendo sido admitido el autor, le intimó, después de haber enunciado estas proposiciones, a retractarse de ellas o a justificarlas. Abelardo, presintiendo desde entonces una condena, no atendió al juicio del concilio y declaró inmediatamente que apelaba para ello a la corte de Roma; el proceso no cambio su curso por ello, y, desde que se pronunció la condena, Bernardo escribió a Inocente II y a los cardenales cartas de una elocuencia abrumadora, tanto que, seis semanas más tarde, la sentencia era confirmada en Roma. Abelardo no tenía más que someterse; se refugió en Cluny, junto a Pierre le Venerable, que le arregló una entrevista con el abad de Clairvaux y se avino a reconciliarlos.

El concilio de Sens tuvo lugar en 1140; en 1147, Bernardo obtuvo igualmente, en el concilio de Reims, la condena de los errores de Gilbert de la Porrée, obispo de Poitiers, concernientes al misterio de la Trinidad; estos errores provenían de que su autor aplicaba a Dios la distinción real de la esencia y de la existencia, distinción que no es aplicable más que a los seres creados. Gilbert se retractó sin dificultad; así pues, se prohibió simplemente leer o transcribir su obra antes de que hubiera sido corregida; su autoridad, a parte de los puntos particulares que estaban en causa no fue menoscabada por ello, y su doctrina permaneció en gran crédito en las escuelas durante toda la edad media.

* * *

Dos años antes de este último asunto, el abad de Clairvaux había tenido la alegría de ver subir sobre el trono pontifical a uno de sus antiguos monjes, Bernardo de Pisa, que tomó el nombre de Eugenio III, y que continuó manteniendo siempre con él las más afectuosas relaciones; es éste nuevo papa el que, casi desde el comienzo de su pontificado, le encargó predicar la segunda cruzada. Hasta entonces, la Tierra Santa no había tenido, en apariencia al menos, más que un lugar muy débil en las preocupaciones de San Bernardo; no obstante, sería un error creer que había permanecido enteramente extraño a lo que pasaba allí, y la prueba de ello está en un hecho sobre el que, de ordinario, se insiste mucho menos de lo que convendría. Queremos hablar de la parte que San Bernardo había tomado en la constitución de la Orden del Temple, la primera de las Órdenes militares por la fecha y por la importancia, y la que había de servir de modelo a todas las demás. Es en 1128, alrededor de diez años después de su fundación, cuando esta Orden recibió su regla en el concilio de Troyes, y es Bernardo quien, en calidad de secretario del concilio, fue encargado de redactarla, o al menos de trazar sus primeros lineamientos, pues parece que no es sino un poco más tarde cuando fue llamado a completarla, y que no acabó su redacción definitiva sino en 1131. San Bernardo comentó después esta regla en el tratado *De laude novoe mititioe*, donde expuso en términos de una magnífica elocuencia la misión y el ideal de la caballería cristiana, de lo que él llamaba la «milicia de Dios». Estas relaciones del abad de Clairvaux con la Orden del Temple, que los historiadores modernos no consideran más que como un episodio muy secundario de su vida, tenía ciertamente una importancia muy diferente a los ojos de los hombres de la edad media; y ya hemos mostrado en otra parte que constituían sin duda la razón por la que Dante debía escoger a San Bernardo como su guía, en los últimos círculos del Paraíso.

* * *

Desde 1145, Louis VII había concebido el proyecto de ir en ayuda de los principados latinos de Oriente, amenazados por el emir de Alepo; pero la oposición de sus consejeros le había obligado a aplazar su realización, y la decisión definitiva había sido remitida a una asamblea plenaria que debía reunirse en Vezelay durante las fiestas de Pascua del año siguiente. Eugenio III, retenido en Italia por una revolución suscitada en Roma por Arnaud de Brescia, encargó al abad de Clairvaux reemplazarle en esta asamblea; Bernardo, después de haber dado lectura a la bula que invitaba a Francia a la cruzada, pronunció un discurso que fue, a juzgar por el efecto que produjo, la mayor acción oratoria de su vida; todos los asistentes se precipitaron a recibir la cruz de sus manos. Alentado por este éxito, Bernardo recorrió las ciudades y las provincias, predicando por todas partes la cruzada con un celo infatigable; allí donde no podía trasladarse en persona, dirigía cartas no menos elocuentes que sus discursos. Pasó después a Alemania, donde su predicación tuvo los mismos resultados que en Francia; el emperador Conrad, luego de haber resistido algún tiempo, debió ceder a su influencia y enrolarse en la cruzada. Hacia la mitad del año 1147, los ejércitos francés y alemán se ponían en marcha para esta gran expedición, que, a pesar de su formidable apariencia, iba a finalizar en un desastre. Las causas de este fracaso fueron múltiples; las principales parecen ser la traición de los Griegos y la falta de entendimiento entre los diversos jefes de la cruzada; pero algunos, muy injustamente, buscaron descargar la responsabilidad de ello sobre el abad de Clairvaux. Éste debió escribir una verdadera apología de su conducta, que era al mismo tiempo una justificación de la acción de la Providencia, mostrando que las desgracias sobrevenidas no eran imputables más que a las faltas de los cristianos, y que así «las promesas de Dios quedaban intactas, pues no prescriben contra los derechos de justicia»; esta apología está contenida en el libro *De consideratione*, dirigido a Eugenio III, libro que es como el testamento de San Bernardo y que contiene concretamente sus puntos de vista sobre los deberes del papado. Por lo demás, todos no se dejaron llevar del desaliento, y Suger concibió pronto el proyecto de una nueva cruzada, de la que el abad de Clairvaux mismo debía ser el jefe; pero la muerte del gran ministro de Louis VII detuvo su ejecución. El mismo San Bernardo murió poco después, en 1153, y sus últimas cartas dan testimonio de que se preocupó hasta el fin de la liberación de la Tierra Santa.

Si la meta inmediata de la cruzada no había sido alcanzada, ¿se debe decir por eso que una tal expedición era enteramente inútil y que los esfuerzos de San Bernardo habían sido prodigados en pura pérdida? No lo creemos, a pesar de lo que podrían pensar los historiadores que se quedan en las apariencias exteriores, pues había en estos grandes movimientos de la edad media, de un carácter político y religioso a la vez, razones más profundas, de las que una, la única que queremos apuntar aquí, era mantener en la Cristiandad una viva conciencia de su unidad. La Cristiandad era idéntica a la civilización occidental, fundada entonces sobre bases esencialmente tradicionales, como lo es toda la civilización normal, y que iba a alcanzar su apogeo en el siglo XIII; a la pérdida de este carácter tradicional debía seguir necesariamente la ruptura de la unidad misma de la Cristiandad. Esta ruptura, que fue llevada a cabo en el dominio religioso por la Reforma, lo fue en el dominio político por la instauración de las nacionalidades, precedida de la destrucción del régimen feudal; y, desde este último punto de vista, se puede decir que quien dio los primeros golpes al grandioso edificio de la Cristiandad medieval fue Philippe-le-Bel, el mismo que, por una coincidencia que no tiene ciertamente nada de fortuito, destruyó la

Orden del Temple, atentando con ello directamente a la obra misma de San Bernardo.

* * *

En el curso de todos sus viajes, San Bernardo apoyó constantemente su predicación mediante numerosas curaciones milagrosas, que eran para las gentes como signos visibles de su misión; estos hechos han sido contados por testigos oculares, pero él mismo no hablaba de ello sino muy a desgana. Puede ser que esta reserva le fuera impuesta por su extrema modestia; pero, sin duda, él mismo no atribuía tampoco a estos milagros más que una importancia secundaria, considerándolos solamente como una concesión acordada por la misericordia divina a la debilidad de la fe en la mayor parte de los hombres, conformemente a la palabra de Cristo: «Bienaventurados los que crean sin haber visto». Esta actitud concuerda con el desdén que manifiesta en general por todos los medios exteriores y sensibles, tales como la pompa de las ceremonias y la ornamentación de las iglesias; incluso se le ha podido reprochar, con alguna apariencia de verdad, no haber tenido más que desprecio por el arte religioso. Aquellos que formulan esta crítica olvidan sin embargo una distinción necesaria, la que él mismo estableció entre lo que llama la arquitectura episcopal y la arquitectura monástica: es solo esta última la que debe tener la austeridad que él preconiza; no es más que a los religiosos y a aquellos que siguen el camino de la perfección a quienes prohibió el «culto de los ídolos», es decir el culto de las formas, cuya utilidad, al contrario, proclama como medio de educación, para los simples y los imperfectos. Si ha protestado contra el abuso de las figuras desprovistas de significación y que no tenían más que un valor puramente ornamental, no ha podido querer, como se ha pretendido falsamente, proscribir el simbolismo del arte arquitectónico, cuando él mismo hacia en sus sermones un uso muy frecuente de él.

* * *

La doctrina de San Bernardo es esencialmente mística; por ello, entendemos que considera sobre todo las cosas divinas bajo el aspecto del amor, que, por lo demás, sería erróneo interpretarlo aquí en un sentido simplemente afectivo como lo hacen los modernos psicólogos. Como muchos grandes místicos, fue especialmente atraído por el *Cantar de los Cantares*, que comentó en numerosos sermones, formando una serie que se prosiguió a través de toda su carrera; y este comentario, que permaneció siempre inacabado, describe todos los grados del amor divino, hasta la paz suprema a la que el alma llega en el éxtasis. El estado extático, tal como le comprende y como ciertamente lo sintió, es una suerte de muerte a las cosas del mundo; con las imágenes sensibles, todo sentimiento natural ha desaparecido; todo es puro y espiritual tanto en el alma misma como en su amor. Este misticismo debía reflejarse naturalmente en los tratados dogmáticos de San Bernardo; el título de uno de los principales, *De diligendo Deo*, muestra en efecto suficientemente qué lugar tiene en él el amor; pero se estaría equivocado si se creyera que esto sea en detrimento de la verdadera intelectualidad. Si el abad de Clairvaux quiso siempre permanecer extraño a las vanas sutilezas de la escuela, es porque no tenía ninguna necesidad de los laboriosos artificios de la dialéctica; resolvía de un solo golpe las cuestiones más arduas, porque no procedía mediante una larga serie de operaciones discursivas; lo que los filósofos se esfuerzan en alcanzar por una vía desviada y como de tanteo, él llegaba a ello inmediatamente, por la intuición intelectual sin la que ninguna metafísica real es posible, y fuera de la cual no se puede percibir más que una sombra de la verdad.

* * *

Un último rasgo de la fisonomía de San Bernardo, que es esencial señalar también, es el lugar eminente que tiene, en su vida y en sus obras, el culto de la Santa Virgen, y que ha dado lugar a toda una floración de leyendas, que son quizás aquellas por lo que ha permanecido más popular. Amaba dar a la

Santa Virgen el título de Nuestra Señora, cuyo uso se generalizó después de su época, y sin duda en gran parte gracias a su influencia; es que era, como se ha dicho, un verdadero «caballero de María», y que la consideraba verdaderamente como a su «señora», en el sentido caballeresco de esta palabra. Si se atiende a este hecho del papel que desempeña el amor en su doctrina, y que desempeñaba también, bajo formas más o menos simbólicas, en las concepciones propias a las Órdenes de Caballería, se comprenderá fácilmente por qué hemos puesto cuidado en mencionar sus orígenes familiares. Devenido monje, permaneció siempre caballero como lo eran todos aquellos de su raza; y, por eso mismo, se puede decir que de alguna manera estaba predestinado a desempeñar, como lo hizo en tantas circunstancias, el papel de intermediario, de conciliador y de árbitro entre el poder religioso y el poder político, porque tenía en su persona como una participación en la naturaleza del uno y del otro. Monje y caballero todo junto, éstos dos caracteres eran los de los miembros de la «milicia de Dios», de la Orden del Temple; eran también, y primeramente, los del autor de su regla, del gran santo a quien se ha llamado el último de los Padres de la Iglesia, y en quien algunos quieren ver, no sin alguna razón, el prototipo de Galaad, el caballero ideal y sin tacha, el héroe victorioso de la «gesta del Santo Grial».

OTROS LIBROS DE RENÉ GUÉNON

Omnia Veritas Ltd presenta:

RENÉ GUÉNON
EL ERROR ESPIRITISTA

En nuestra época hay muchas otras "contraverdades" que es bueno combatir...

Entre todas las doctrinas "neoespiritualistas", el espiritismo es ciertamente la más extendida

OMNIA VERITAS LTD PRESENTA:

RENÉ GUÉNON
EL REINO DE LA CANTIDAD Y LOS SIGNOS DE LOS TIEMPOS

«Porque todo lo que existe de alguna manera, incluso el error, necesariamente tiene su razón de ser»

... y el desorden en sí mismo debe encontrar su lugar entre los elementos del orden universal

Omnia Veritas Ltd presenta:

RENÉ GUÉNON
APERCEPCIONES SOBRE LA INICIACIÓN

«A menudo nos concentramos en los errores y confusiones que se hacen sobre la iniciación...»

Somos conscientes del grado de degeneración al que ha llegado el Occidente moderno ...

"Nuestra meta, decía entonces Mme Blavatsky, no es restaurar el hinduismo, sino barrer al cristianismo de la faz de la tierra"

El término teosofía sirvió como una denominación común para una variedad de doctrinas

« Necedad e ignorancia pueden reunirse en suma bajo el nombre común de incomprensión »

La gente es como un "reservorio" desde el cual se puede disparar todo, lo mejor y lo peor

« Muchas dificultades se oponen, en Occidente, a un estudio serio y profundo de las doctrinas orientales »

... este último elemento que ninguna erudición jamás permitirá penetrar

Omnia Veritas Ltd presenta:

RENÉ GUÉNON

LA CRISIS DEL MUNDO MODERNO

«Parece por lo demás que nos acercamos al desenlace, y es lo que hace más posible hoy que nunca el carácter anormal de este estado de cosas que dura desde hace ya algunos siglos»

Una transformación más o menos profunda es inminente

Omnia Veritas Ltd presenta:

RENÉ GUÉNON

APERCEPCIONES SOBRE LA INICIACIÓN

«A menudo nos concentramos en los errores y confusiones que se hacen sobre la iniciación...»

Somos conscientes del grado de degeneración al que ha llegado el Occidente moderno ...

Omnia Veritas Ltd presenta:

RENÉ GUÉNON

LOS ESTADOS MÚLTIPLES DEL SER

«Según la significación etimológica del término que le designa, el Infinito es lo que no tiene límites»

La noción del Infinito metafísico en sus relaciones con la Posibilidad universal

Omnia Veritas Ltd presenta:
RENÉ GUÉNON
ESTUDIOS SOBRE LA FRANCMASONERIA Y EL COMPAÑERAZGO

«Entre los símbolos usados en la Edad Media, además de aquellos de los cuales los Masones modernos han conservado el recuerdo aun no comprendiendo ya apenas su significado, hay muchos otros de los que ellos no tienen la menor idea.»

la distinción entre "Masonería operativa" y "Masonería especulativa"

OMNIA VERITAS LTD PRESENTA:
RENÉ GUÉNON
SÍMBOLOS DE LA CIENCIA SAGRADA

« Este desarrollo material ha sido acompañado de una regresión intelectual, que ese desarrollo es harto incapaz de compensar »

¿Qué importa la verdad en un mundo cuyas aspiraciones son únicamente materiales y sentimentales?

OMNIA VERITAS LTD PRESENTA:
RENÉ GUÉNON
APRECIACIONES SOBRE EL ESOTERISMO CRISTIANO

« Este cambio convirtió al cristianismo en una religión en el verdadero sentido de la palabra y una forma tradicional ... »

Las verdades esotéricas estaban fuera del alcance del mayor número...

www.omnia-veritas.com

www.ingramcontent.com/pod-product-compliance
Lightning Source LLC
Chambersburg PA
CBHW070937160426
43193CB00011B/1725